Alfons Bopp, 1905 in Stuttgart geboren, ist heute Pfarrer in einer kleinen Gemeinde des Bodenseeraumes. Neben einem umfangreichen Werk über geistliches Liedgut veröffentlichte er u. a. biographische Erzählungen über Anton Bruckner und Heinrich Seuse sowie eine Erzählung über die Entstehung des Weihnachtsliedes »Stille Nacht, heilige Nacht«.

Die Advents- und Weihnachtstage seiner Kindheit beschwört er in den dreizehn Geschichten dieses ganz und gar heiteren Büchleins herauf. Liebevoll gedenkt er des Elternhauses, in dessen Geborgenheit sich alle Seligkeit der frühen Jahre entfalten konnte, die aber auch Raum ließ für manchen munteren Bubenstreich. Alfons Bopp erweist sich in seinem jüngsten Werk, das in die Jahre unmittelbar vor Ausbruch des Ersten Weltkrieges zurückführt, als ein echter Volksschriftsteller. Seine schlichte Erzählweise beglückt den Leser ebenso wie der köstliche Humor, der aus jeder Zeile dieses Büchleins hervorlacht.

ALFONS BOPP

WIE ICH DAS CHRISTKIND SUCHEN GING

Meinen lieben Eltern und Brüdern
in dankbarem Gedenken

ALFONS BOPP

WIE ICH DAS CHRISTKIND SUCHEN GING

Ein heiteres Weihnachtsbuch

SCHWABENVERLAG RUIT BEI STUTTGART

DIE KLEINE GABE 9

Einbandgestaltung Stefan Herzog

ISBN 3 7966 0483 8

Gesamtherstellung SV-Druck, Ruit

Wenn Milch und Honig fließen

Noch immer habe ich den Geruch der Adventstage meiner Kindheit in der Nase. Ja, du hörst richtig, lieber Leser: den Geruch! Ich meine nichts anderes als jenen geheimnisvollen Duft, der von der Gutslesbackerei ausging und das ganze Elternhaus mit seinem unwiderstehlichen Zauber erfüllte.

Mit der Gutslesbackerei, die seit uralten Zeiten zum Advent gehört, begann meine Mutter in ihrem ehrwürdigen Reich nicht erst eine Woche vor Weihnachten, sondern sobald man in der Kirche das erste »Tauet, Himmel, den Gerechten« angestimmt hatte. Es wurde dann in der Folgezeit alle zwei bis drei Tage irgendeine Sorte leckerer Brötchen fabriziert, so daß wir Kinder durch den lieblichen Geruch derselben die Süße dieser gesegneten Zeit eigentlich den ganzen Advent hindurch verkosteten — zwar nicht mit dem Gaumen, aber mit der Nase. Dieser Genuß hat ja den Vorzug, daß er ganz zart und fein ist und nicht wie der Gaumengenuß so oft Bauchweh und jenes berüchtigte »Krümmen«

hervorruft, das sich angeblich allein durch Kirschen-, Zwetschgen- und andere geistreiche »Wasser« wirksam vertreiben läßt. Ja, diese Gutslesbackerei durchduftete die heimeligen Adventstage und ließ uns dauernd und immer wieder an das kommende Weihnachtsfest denken. Bei solchem Wohlgeruch wuchs uns gar etwas Verständnis für jene verheißungsvollen Worte zu, mit denen die Kirche von altersher den Advent einsang: »An jenem Tage werden die Berge von Süßigkeit triefen und die Hügel fließen von Milch und Honig, alleluja!«

Am Abend entfaltete sich in der Familie eine herrliche Gemeinschaftsarbeit. Jedes hatte dabei etwas zu tun. Das eine mußte mit dem »Wiegmesser« Zitronat und Pomeranzenschalen klein machen. Das andere half beim Abwägen von Mehl und Zucker oder beim Herrichten der Ausstecherles-Model mit. Wieder ein anderes bekam eine Schüssel mit goldgelben Eidotter, und nun galt es, für eine Stunde »rührselig« zu werden. Oder es mußte das Eiweiß mit dem zauberwirkenden Schneebesen zu einer ganz leichten, geheimnisvollen Masse gepeitscht und geschlagen werden. Schwerenot! Gar keine einfache Sache: so dasitzen und im Schweiße seines Angesichtes schneiden, ohne die Finger mit hineinzuschnitzeln (denn das stand nirgendwo im Rezept!) oder rühren und peitschen bis zum Auskegeln des Ellbogens oder bis einem die Schüssel zwischen den Knien fast in die Brüche ging!

Angenehmer wurde es erst, wenn der Gutslesteig von der Mutter allmählich fertig geknetet war und das Ausstechen der einzelnen Stücke losging. O wie bescheiden wir doch dabei waren: Wir hatten es nur auf die kleinen und kleinsten Abfälle abgesehen. Der Vater freilich war anderer Meinung. Er machte den wohlerwogenen Vorschlag: »Buba, wie wär's, wenn wir jetzt das Pfeifen probierten? Wer's wohl am besten fertigbringt?«

Aber nein! So verlockend dieser Vorschlag sonst auch geklungen hätte — diesmal fand er bei uns absolut kein Verständnis. Wir widmeten uns lieber mit Aufmerksamkeit und Eifer der uns wichtiger scheinenden Aufgabe, mit den Abfällen aufzuräumen und so der Mutter zu »helfen«. Was machte es auch aus, wenn wir durch solche Liebestaten nachher vielleicht Bauchweh verspürten? Wir hielten es tapfer aus, denn wir hatten ja der Mutter geholfen, und da darf einem doch kein Opfer zu viel sein!

Dann ließ man die ausgestochenen Hasen und Herzen, Hunde und Katzen und die übrige Menagerie über Nacht auch ein wenig schlafen und ruhen. Am andern Morgen aber trugen sie meine Brüder noch vor ihrem Schulgang zum Bäckermeister Christian Gottlieb Lebsanft, damit sie dort vollends zu ihrer reifen Bräune gebracht würden. Vor allem mußten die Anisbrötle und Springerle die notwendigen »Füßle« kriegen. Darauf legte die Mutter größten Wert.

Füßle kriegen! Oh, und einmal bekamen sie Füßle, freilich ganz anders, als es im Rezept vorgesehen und von der Mutter gewünscht war.

Nämlich so: Gegen Mittag erhielt ich den ehrenvollen Auftrag, die fertigen Gutsle beim Bäckermeister Lebsanft zu holen. Ich bildete mir mächtig viel darauf ein, und ich hatte bislang meine Sache auch immer tadellos gemacht. Wie ich aber diesmal ganz vorsichtig, mit je einem Gutsles-Blech unter dem Arm, heimwärts ging, kamen auf einmal zwei Hunde hintereinander daher gerast. Ihr Tempo glich dem eines Düsenjägers. Sie schossen daher, immer näher und näher — direkt auf mich zu — potz Element! — und dann mir gerade zwischen die Beine! Aufs tiefste erschüttert, verlor ich jeglichen Standpunkt und fiel auf mein rückwärtiges Polsterteil. Das wäre noch zu ertragen gewesen. Aber am fatalsten war natürlich, daß mir dabei die beiden Gutsles-Bleche entfielen und sich die Gutsle — o die schönen, guten Gutsle!! — im weiten Umkreis zerstreuten.

Die Mutter hatte offenbar alles vom Fenster aus mit angesehen. Sie kam mit wehender Schürze herbeigesprungen: »Ja Bua, was hast da g'macht?! Und die Gutsle?!«

»Die,« sagte ich zaghaft und weinerlich. »Die haben — Füßle g'kriegt!« —

O du selige, o du süße, beglückende Zeit jenes Kinderadventes! Wie gerne gedenke ich deiner und möchte am liebsten zurückwandern in deine verklärende Zauberwelt.

Umsonst! Vorbei! Kein Weg führt zurück! Und — man kann uns auch nicht die entsprechenden »Füßle« dafür beibringen wie den Springerle und Pommeranzenbrötle von ehedem ...

Die papierene Krippe

Unsere Weihnachtskrippe, ohne die ich mir keinen Heiligen Abend im Elternhaus denken kann, war nicht aus Holz geschnitzt und auch nicht aus Stein gehauen, sondern ganz einfach — wie es sich für weniger wohlhabende Leute ziemte — aus Papier. Zwar besaß solch eine papierene Krippe nicht die Dauerhaftigkeit des ewigen Lebens. Aber gerade das war unserem Vater eigentlich nicht unwillkommen. Er meinte: »Dann beschäftigen und mühen wir uns in jedem Jahr immer wieder aufs neue mit dem Bauen einer Krippe, und das ist wertvoll für Wille und Herz. Wir sollen uns ja auch jedjährlich neu auf das Kommen des Herrn an Weihnachten vorbereiten... Außerdem haben wir dann auch in jedem Jahr eine neue Krippe, jedesmal anders und schöner und interessanter.«

Und so ist unser Vater mit seinen drei Buben in jedem Jahr am Samstag vor dem ersten Adventssonntag zum Buchbindermeister Wilhelm Moser am Bismarckplatz Nr. 5 gepilgert. Dort gab's Krippenbogen in rauhen Mengen. Ganz einfache kosteten nur fünf Pfennige, und ganz großartige waren für eine oder zwei oder noch mehr Mark zu haben.

Das war nun eine sehr schwierige Sache, das Aussuchen und Auswählen! Das Herz klopfte sich siedigheiß ob all der feilgebotenen Herrlichkeiten. Da war guter Rat teuer. Am liebsten hätten wir von jeder Krippendarstellung einen Bogen mitgenommen. Aber dagegen protestierte Vaters Geldbeutel, der bisweilen schon etwas unterernährt war. Man mußte sich zuletzt auf einen Krippenbogen einigen, und für gewöhnlich fällte der Vater ein salomonisches Urteil. Dann kaufte man noch fürs Zusammenkleben ein Tütchen voll »Gummiarabicum«. Das mußte man in Wasser auflösen, durch welche Prozedur sich der Inhalt in einen prima Klebstoff verwandelte.

Aber jetzt — nichts wie los nach Hause! Oh, eine Begeisterung hatte uns alle erfaßt für den Krippenbau wie weiland die alten Juden für den Tempelbau in Jerusalem!

Dieser Krippenbau verklärte nun die folgenden Adventsabende im Familienkreis mit einer unnennbar gemütlichen und geheimnisvollen Atmosphäre. Alles saß um den Tisch herum: Der Vater ließ über das ganze Geschehen seine weise Vorsehung walten. Die Mutter traktierte mit ihren unermüdlichen und so geschickten Händen die Stricknadeln und ließ uns Buben damit die warmen Wollstrümpfe an die Füße wachsen. Der älteste Bruder mußte aus einem Buch oder aus dem Sonntagsblatt eine Adventsgeschichte für alle vorlesen. Der zweite Bruder aber, der ein geborener Bastler war, schnitt zunächst mit einer kleinen Schere die einzelnen Teile und Figuren aus dem Krippenbogen aus. Und ich — oh, ich hatte als Kleinster die schwerste Aufgabe, nämlich: ganz still zu sein und nur schweigend zuzusehen!! Eine heillos schwierige Sache! Äußerlich fügte ich mich natürlich der väterlichen Weisung. Innerlich platzte ich schier vor Tatendrang!

Eines Vormittags, als die Mutter in der Küche werkte und ich allein im Zimmer war, konnte ich mich nicht mehr bezwingen. Ich wollte doch auch am Krippenbau mithelfen. Das wäre gelacht, wenn ich das nicht auch könnte! Ich holte aus dem »besseren Zimmer« die Schachtel, in welcher der Krippenbogen lag, und nahm die Schere aus dem Kästchen von Mutters Nähmaschine. Der Tisch war mir zu hoch. Darum verlegte ich meinen Arbeitsplatz ganz einfach auf den Zimmerboden. Da war unbeschränkt Raum! Und dann begann auch ich mit der Schere Figuren aus dem Bogen auszuschneiden...

»Der Eifer für dein Haus verzehret mich«, heißt es irgendwo in der Heiligen Schrift. Während ich so als

»Schwerstarbeiter« auf dem Bauche lag, merkte ich nicht, wie mit jedem Scherenschnitt zugleich auch meine Zähne mitgingen und ich mir dabei fast die Zunge abgebissen hätte. Das aber sah ich auf einmal: daß ich im Eifer des Gefechtes dem Esel den Schwanz abgeschnitten hatte und auch dem Ochsen die Hörner und einem Hirten die Schalmei und einer Wasserträgerin den Krug... O weh! O weh! Und bald ist Mittag; dann kommen Vater und die Brüder heim! Was tun...?

Halt! Da gibt's doch das berühmte »Gummiarabicum«! Damit läßt sich alles wieder zurechtkleben. Also los!

Ich holte den rettenden und heilenden Klebstoff von der Kommode herab und begann zu kleben und kleistern. Ha, kein Mensch soll nachher von den Fehlschnitten etwas merken!

Bums! Da ging die Türe auf. Es kam der Vater... es kamen die Brüder...

»Ja, was geht denn da vor?!«

Ich wagte nicht recht aufzusehen. Um so genauer besichtigten die anderen meine Erfolge.

»Jetzt seh mal ein Mensch das an!« rief in heller Verzweiflung mein Bastel-Bruder. »Was hast du denn da gemacht?«

»Helfen Krippen bauen!«

»Nein, die Figuren hast du zerschnitten, daß sie jetzt kaputt sind!«

»Ich hab sie aber schon wieder gepäppt«, rechtfertigte ich mich.

»Und wie! Da schaut nur her: Den Schwanz des Esels hat er dem Ochsen an den Kopf geklebt, daß man meinen könnt', er wachse ihm zum Maul heraus. Und dem Ochsen seine Hörner hat er dafür am Hinterteil des Esels angebracht. Und da: Der Wasserträgerin hat er die Schalmei in den Kopf oben hineingesteckt, und der Hirte schlürft dafür aus dem Krug, wie wenn er ein Säufer wäre... Alles ist kaputt, alles ist hin!«

Ganz verzweifelt war mein armer Bruder.

Und ich — ich saß immer noch auf dem Boden wie Job auf der Miste und — weinte. Warum? Ach, während dieser Jeremiade merkte ich plötzlich, daß meine Finger zuviel vom »Gummiarabicum« abbekommen hatten und nun selber zusammengeklebt waren, so daß ich sie nicht mehr auseinander brachte. O Elend über Elend! Doch der Vater mußte trotz allem lachen, und durch seine weisen Anordnungen konnte alles wieder in Ordnung gebracht werden.

Aber auch meinem Bastel-Bruder passierte mit dieser ominösen Krippe ein Pech, was mir zum großen Troste ward. Dazu noch am Heiligen Abend!

Die Krippe stellte nämlich ein altes, halbzerfallenes Gemäuer dar. Durch ein Fensterloch, das mit einem ganz feinen bläulichen Papier überzogen war, sollte das zarte Mondlicht hereinscheinen. Das Licht aber kam von einer Kerze dahinter. Dieses Licht wollte nun mein Bastel-Bruder etwas heller machen. Er schob die Kerze darum näher und näher an das feine bläuliche Papier heran. Nein, zu nahe heran und — bsch — eine große Feuerflamme schoß plötzlich hoch. Die Mutter tat einen Schreckensschrei, wie sich's versteht. Aber der Vater nahm kurzentschlossen das Weihwasserkesselchen von der Wand und schüttete den ganzen geweihten Inhalt auf die Flamme. Im Nu war alles Feuer aus.

Damals ist mir wie noch nie zuvor die gewaltige Macht des Weihwassers aufgegangen, da mit einem Schlag der Feuerteufel wieder in den Höllenpfuhl hinabgetrieben wurde!

Danach waren wir zwei Brüder wieder restlos miteinander versöhnt, nachdem sich jeder von uns an diesem Krippenbau gleichsam die Finger etwas verbrannt hatte.

Nun — schön war es doch!

Der Wettlauf ins Rorate

Ob ich auch Ministrant gewesen bin? Aber natürlich! Zwar mußte ich das Röckchen bis hoch unter die Achselhöhlen emporschnallen, damit ich nicht plötzlich langgestreckt auf dem Kirchenboden dahinschwamm. Aber ich nahm es beim Confiteor in der Schnelligkeit mit jedem Größeren aus der Gilde auf...

Darum hatte auch ich wie jeder andere Ministrant meinen »Frühdienst« zu tun. Auch wenn es dabei im Winter dann noch sacknacht war und die matten Gaslaternen einen fast geisterhaften Schein von sich gaben. Aber »Dienst ist Dienst« hieß es später beim Militär und schon damals bei uns und — damit basta!

So mußte ich auch einmal im morgendlichen Rorateamt ministrieren. Zwar gingen die Eltern auch zur Kirche, aber ich ging allein voraus. Ich hatte ja in der Sakristei erst noch mein rotes Röckchen anzuziehen.

Also, das Gesangbuch unter den Arm genommen und dann los!

Ich ging mitten auf der Straße und pfiff ziemlich laut »Tauet, Himmel, den Gerechten« vor mich hin. Aus

Angst? — Hm, ein rechter Ministrant fürchtet sich doch nicht! Oder?

Auf jeden Fall hatte ich auf der Straße mehr Platz, und pfeifen tat ich schon damals gern, als ich noch keinen Hund besaß.

Plötzlich aber, wie ich gerade an einem Hause vorüberkam, tat sich dessen Türe auf. Mir schien, daß ein junger Mann herauskam. Ich fuhr geschwind zusammen. Je nun, wem wäre es nicht auch so ergangen? —

Aber dann schritt ich ein wenig schneller voran. Ich pfiff auch etwas lauter. Ich wollte nur meinen Mut deutlicher zum Ausdruck bringen ...

Und dann merkte ich — Henker und Galgen! —, daß der junge Mann hinter mir dreinkam.

Ich ging noch etwas schneller. Ja, ich nahm meine Hände aus den Hosentaschen und vergaß auf einmal Gesangbuch und Pfeifen und — sprang und sprang der Kirche zu, so schnell ich nur konnte.

Und der andere?

Merkwürdig — der andere hatte sich ebenfalls auf die Socken gemacht und kam hinter mir her.

Ich sprang — er sprang auch!

Ich links um die Ecke — er auch links um die Ecke.

Ich wieder rechts geradeaus — er auch wieder rechts geradeaus.

Ja, und dann rief er sogar ein paarmal: »He ... halt!«

Ich aber hörte nicht auf ihn. Ich sprang noch schneller. Der atemraubende Wettlauf wurde für mich immer bedrohlicher, da der andere mir näher und näher auf den Leib rückte.

Nur ein Gedanke beherrschte mich: »Wenn ich bloß noch zur Sakristei komme!«

Und tatsächlich — durch meinen gewaltigen Mut beflügelt, erreichte ich auch mit Müh und Not die Sakristeitüre.

»Mesner, hilf!« schrie ich.

Aber in diesem Augenblick hatte mich der andere eingeholt. Er packte mich an meinem Mäntelchen und sagte:

»Was springst denn so unsinnig? Ich will dir ja nur dein Gesangbuch geben, das dir vor unserm Haus entfallen ist! Da!«

Und dann machte er kehrt und schickte sich an, ebenfalls ins Rorate zu gehen.

Jetzt erkannte ich ihn: Es war der Sohn einer uns bekannten Familie...

Wie ich mich meines »Mutes« plötzlich schämte! So sehr, daß ich fast vergaß, mich zu bedanken! —

Aber jedesmal, wenn wieder Advent wird und ich ins Rorate gehe, muß ich daran zurückdenken. Denn es ist doch immer eine Freude, sich an frühere »Heldentaten« zu erinnern.

Kritischer Nikolausabend

Der Tag des heiligen Nikolaus wurde bei uns in der schwäbischen Residenz nicht so wichtig genommen wie etwa im alemannischen Oberland. Ich denke, weil gerade dort der heilige Bischof so viel zu tun hat. Da die Oberländer Kinder offenbar seine heilsamen Mahnungen besonders nötig haben, ließ er sich bei uns um so weniger sehen...

Trotzdem hatte ich einen gewaltigen Respekt vor ihm. Von anderen Jungen, bei denen er tatsächlich doch aufgetaucht war, hörte ich nämlich, welch überirdischen Eindruck er hinterlassen hatte. Zwar kramte er aus seinem tiefen Sack zuletzt Nüsse und Äpfel und Hutzeln heraus und warf sie freigebig den Kindern zu. Aber — bei Gott! — das mußte auch sauer genug verdient werden. Wie mir nämlich weiter mitgeteilt wurde, kam zuerst ein hochnotpeinliches Examen, wobei der heilige Bischof ein solches Wissen von Fehlern und Sünden der Kinder offenbarte, daß niemand mehr daran zweifeln konnte, daß er wahrhaftig vom Himmel kam und ganz nahe beim allwissenden Gotte stand...

Ich vernahm dies immer von den andern Kindern mit Gruseln und Schaudern und war dann heilfroh, daß bei uns daheim Sankt Nikolaus nur in der Heiligenlegende vorkam, aber sich sonst nie blicken ließ.

Ich fragte einmal meinen Vater, ob dieser Heilige nicht etwa doch einmal auch zu uns käme. Er antwortete: »Ich glaube nicht.«

»Warum nicht?«

»Weil es nicht nötig ist.«

»Warum ist es nicht nötig?«

»Nun, weil ich schon allein dafür sorge, daß du brav bist und folgst, auch ohne Sankt Nikolaus. Oder nicht?«

Ich sagte mit Überzeugung: »Ja.«

Darum sah ich immer mit größter Ruhe dem so gefürchteten Abend vor dem Namenstag der Nikoläuse entgegen. Einmal aber war mir doch nicht ganz geheuer.

Es war ein paar Tage vor dem Nikolausabend. Ich kam zufällig ins »bessere Zimmer« und machte eine merkwürdige Entdeckung: Da lag auf der Kommode in braunes Packpapier ein Etwas eingewickelt. Der Wunderfiz zwickte mich nicht wenig. Vorsichtig und zaghaft untersuchte ich das Päckchen näher. Menschenskinder — da kamen aber allerlei Dinge zum Vorschein, ein großes rotes Gewand, mit goldenen Streifen durchzogen und eingesäumt; dazu etwas Zottiges wie ein Riesenvollbart... Ich wollte eigentlich noch weiter untersuchen, aber da schepperte plötzlich etwas wie eine Schelle — und ich erschrak darob so sehr, daß ich alles wieder schleunigst in das braune Papier zusammenpackte und das »bessere Zimmer« mit einem rußigen Gewissen fluchtartig verließ. Ich sagte zwar keinem Menschen etwas von meiner Entdeckung. Aber sie hatte mich unruhig gemacht und bewegte mich ständig.

Als nun der kritische Nikolausabend kam, traute ich nicht ganz und — diesmal klopfte es tatsächlich nach dem Abendkaffee an die Stubentüre. Eine schreckhafte Schelle ward laut, die Türe ging auf und ich — saß schon auf dem Boden unter dem Tisch!

Die Mutter mußte über mein so plötzliches Verschwinden laut lachen. Und der Vater — o weh, der war gerade jetzt nicht da, weil er, wie er noch kurz zuvor gesagt hatte, in die Kirchenchor-Singstunde hatte gehen müssen. Und meine beiden Brüder — ha, die standen stramm wie die langen Kerls vom Alten Fritz. Sankt Nikolaus prüfte sie auf Herz und Nieren. Aber sie zeigten sich als standhafte Tugendhelden...

Währenddessen hatte ich unter dem Tische die

Schrecksekunde überwunden und betrachtete aus meinem sicheren Unterstand die Bischofsgestalt etwas näher.

Na, hatte ich dieses Gewand nicht schon einmal gesehen? Und den langen Bart? Und hatte ich nicht schon einmal solch einen Schellenton gehört? — —

Ja freilich — erst kürzlich, bei meiner Entdeckung im »besseren Zimmer«!

Und jetzt machte ich noch neue Entdeckungen: Bei diesem heiligen Nikolaus, da sahen unter dem Gewand die gleichen gestreiften Hosen hervor — wie beim Vater! Und an seinem Finger trug dieser Bischof auch solch einen Sängerring—genau wie der Vater! Und sogar einen Zwicker hatte er auf seine Nase geklemmt — genau wie der Vater! Ja, und er sprach so ein Hochdeutsch — genau wie der Vater, wenn es ihm ernst war!

Ja — ja — könnte das sein, daß dieser Bischof da —?

Ich faßte mir ein Herz, kroch unter dem Tisch hervor, sprang auf und umfaßte den heiligen Nikolaus und sagte nur ein Wort: — »Papa!«

Zuerst schwiegen die andern erstaunt und betroffen. Und dann lachten sie laut. Sankt Nikolaus aber brummelte nur noch in seinen Bart hinein: »Du Erzschlingel, du!«, machte kehrt und verschwand...

Erst viel später erfuhr ich, daß unser Vater an jenem Abend im Kirchenchor den »Nikolaus« machen mußte und die Gelegenheit benutzte, bei seinen Buben schon vorher als solcher aufzutreten. Ich hatte mich also nicht getäuscht!

Von da an fand Sankt Nikolaus nie mehr den Weg zu uns in die Familie. Was wollte er auch schon auf große Besserung hoffen bei solch einem »Erzschlingel«, als den er mich erkannt hatte ...

Vom weisen Salomon und der Geldmaschine

Einige Tage vor Weihnachten war's.

»Gehst heute nachmittag auch mit?« fragte mich mein Freund, der Edi.

»Wohin?«

»Wie kannst fragen! Auf die Weihnachtsmess' natürlich!« So hieß bei uns der Weihnachtsmarkt.

Ich war noch nie auf der Weihnachtsmesse gewesen. Diese Weltgegend war mir durch die Fürsorglichkeit meiner Eltern bis jetzt verschlossen geblieben. Diesmal aber erhielt ich tatsächlich die Erlaubnis dazu. Mein Freund Edi ging ja mit mir. Auch hatte ich sehr höflich darum gebeten. Das war mit ausschlaggebend!

Ja, die Mutter gab mir sogar zwanzig Pfennig mit: Damit könne ich mir ein Vesper kaufen, wenn mich der »jähe Hunger« überfallen sollte... So ging's also mit den zwei klappernden 10-Pfennig-Stücken im Hosensack am Nachmittag auf die Weihnachtsmesse.

Gleich unterhalb der Königstraße fing's an. Die

alte Stiftskirche machte ein etwas grämliches Gesicht dazu. Verständlich! Auch mir wollte das Herz geschwind in die Hosen fallen. Nein, so etwas hatte ich bis jetzt noch nie gesehen und erlebt: Da war ja eine ganze Stadt aus lauter hölzernen Verkaufsbuden aufgebaut! Dazwischen hatten Händler über ihre Warentische riesige Sonnenschirme aufgespannt, wie wenn sie einen Sonnenstich befürchteten — jetzt, mitten im Winter!

Auch brannten in vielen Buden große Karbidlampen. Sie gaben ein grelles Licht und einen gewaltigen Gestank von sich. Nichtsdestoweniger erschienen in ihrem Schein die verschiedenen Dinge in zauberhaftem Glanze, direkt märchenhaft wie in Tausendundeiner Nacht...

Und was wurde da nicht alles angepriesen: Weihnachtskerzen, dicke und schlanke, gerade und schlangenhaft gedrehte; Feuerwerk für den Christbaum — der Verkäufer hielt seine Hand hin, und die Feuerfunken machten ihm rein gar nichts. Unglaublich so was! Dann konnte man Dinge kaufen, welche die großen Leute uns Kindern immer als etwas sehr Nützliches empfahlen, z. B. Taschentücher. Aber auf die da waren Märchengestalten aufgemalt: Rotkäppchen, Schneewittchen, das tapfere Schneiderlein usw. Wer möchte wagen, sich herzhaft da hineinzuschneuzen! Dann doch noch lieber in d' Händ! Die kann man ja nachher wieder irgendwo abputzen!

Aber nur weiter! Da stand in einer anderen Bude eine dicke, ja sogar eine sehr dicke Frau drin. Offenbar fror sie, denn sie pendelte fortwährend wie der Perpendikel unserer alten Uhr daheim von einer auf die andere Seite. Zudem hatte sie eine knallrote Nase wie eine halbreife Kirsche mitten im Gesicht. Brrr, eine schreckhafte Gestalt. Und dennoch mußten wir vor ihr stehenbleiben, denn die Frau bot kostbare Dinge feil, so da sind: türkischer Honig, Magenbrot, Menschenhaut, Bruchschokolade und — nicht zu vergessen! — Bärendreck! Potz Blitz! Wie meine Hand da geschwind von selbst in die Hosentasche fuhr und sich vergewisserte, ob die zwei 10-Pfennig-Stücke noch da waren. Jawohl, sie waren noch da. Soll man sich da nicht etwas erstehen?

»Wart noch!« meinte mein Freund Edi. »Vielleicht finden wir noch etwas Besseres!« — Meinetwegen, aber dann nur gleich weiter . . .

Nun, nicht weit davon lockte uns ein großer Lärm. Stand da an einer Straßenecke ein Mann im Frack und mit einem Zylinderhut, grad wie ein Hochzeiter. Mit einem Rührlöffel schlug er nach Herzenslust auf einen Blechdeckel und schrie dabei mit heiserer Stimme, aber dennoch aus Leibeskräften: »Meine Herrschaften! Herrran, herrran, herrran zu mir! Alles, was Sie brauchen und auch nicht brauchen, hab ich für Sie! Kämme, grüne, rote, gelbe und mongelesbraune, alles für die lausigen Zeiten! Messerklingen, scharfe und stumpfe, für jeden, der sich am Barte will kratzen! Hosenträger, prima-prima altes Schwiegermutterleder, unverwüstlich, unzerbrechlich, unzerreißlich! Ketten und Ringe, wie sie die Lieblingsfrau des Maharadschas vom Libanon durch die Nase trägt! — Meine Herrschaften! Greifen Sie zu! Kaufen Sie ein! Einmalige, nie wiederkehrende Gelegenheit, Ihr Geld loszuwerden!!« Und der dies anbot, war »Der wahre Jakob aus Amerika«. Gewiß! So stand es riesengroß auf einem Plakat an der Hauswand hinter ihm geschrieben.

Aber nein, diese Schwiegermutterlederhosenträger samt den Maharadschalieblingsfrauennasenringen gingen über unseren Horizont hinaus. Nein, das war nichts für uns!

Wir gingen also weiter, und bald standen wir vor einem neuen Krakeeler. Der bot etwas ganz Interessantes an: eine Geldmaschine! Donderschlag! Das wäre so etwas für uns! Gerade für uns Buben, die wir doch eigentlich nie Geld hatten. Eine Geldmaschine! Ja, wirklich — der Mann zeigte nur ein ganz kleines Holzgestell mit zwei Walzen, die durch ein darüberlaufendes Papier miteinander verbunden waren. Er schob auf der einen Seite einen kleinen Fetzen Zeitungspapier hinein, drehte ein wenig herum, und schon kam auf der anderen Seite ein — Fünfmarkschein heraus. Und der ganze Klapparatismus kostete nur — sage und schreibe! — fünfzig Pfennige!

»Das Ding kauf ich mir!« beschloß mein Freund Edi nach kurzem Überlegen. Er zog sein Taschentuch heraus, das er diesmal ausnahmsweise nicht vergessen hatte, denn sein Geld war ja darin eingewickelt. Vorsichtig machte er es auf und zählte seine Geldstücke. O weh! Es waren nur vierzig Pfennige! Jetzt — was tun?

»Wieviel Geld hast du bei dir?« fragte er mich.

»Zwanzig Pfennige.«

»Kannst du mir nicht zehn Pfennige borgen? Du kriegst sie ganz gewiß wieder. Wenn ich diese Maschine hab', kann ich ja nachher Geld machen, soviel ich will.«

Das leuchtete mir ein. Ich opferte ihm also von meinem Kapital ganze zehn Pfennige. Edi kaufte sich die Geldmaschine. Vorsichtig steckte er sie in die Tasche und hielt sie dort mit seiner Hand fest, für den Fall, daß in der Tasche wieder einmal ein Loch sein könnte.

Wir gingen weiter und weiter. Halt — da stand wieder ein Mann, von vielen Menschen umgeben. Er trug einen roten Turban auf dem Kopf und besaß einen merkwürdigen Schnurrbart: rechts von der Nase war er schwarz, links von der Nase weiß. Vor sich hatte dieser geheimnisvolle Mann ein breites, flaches Holzkistchen mit vielen kleinen Couvertchen. Darauf stellte er ein längliches, rundes Glas, das mit einer grünen Flüssigkeit gefüllt war. In der Hand hatte er ein Zauberstäbchen. Mit diesem klopfte er von Zeit zu Zeit auf das Glas. Im gleichen Augenblick sah man dann eine kleine Figur langsam im Glase hinabschweben, während der Mann mit hohler, tiefer Stimme sprach: »Salomon, der weise Mann, er zeigt euch eure Zukunft an. Er steigt hinab und erforscht auf dem Grunde des Meeres die Herzen der Menschen. Er steigt herauf und verkündet die Weisheit der Geister!«

Für solch geheimnisvolle Dinge hatte ich immer etwas übrig. Ich stand wie gebannt davor. Verschiedene Leute gaben dem Manne Geld, worauf er mit einer verrosteten Schere aus dem Kistchen ein Couvert herauszog und den Käufern gab: In diesen Couvertchen stand nämlich ihre Zukunft drinnen. Nun, wie wär's, wenn ich mir auch solch ein Couvertchen kaufen würde?

Kurz entschlossen fragte ich: »Was kostet's?«

Der Mann schaute mich mit einem durchdringenden Blick an, so daß mir das Herz fast stillestand. Schließlich sagte er: »Hm, für dich — zehn Pfennige.«

Das hatte ich gerade noch. Also kaufte ich mir mit meinem letzten Gelde solch ein zukunftsweisendes Couvertchen. Meine Hände zitterten, und ich wagte nicht sofort, das Couvertchen zu öffnen. Aber weder mein Freund Edi noch ich hatten weiteres Interesse an der Weihnachtsmesse, und wir verließen mit den erstandenen Schätzen die Budenwelt...

Erst später, in einer stillen Seitenstraße auf dem Heimweg machte ich dann das Couvertchen vorsichtig auf. Was kam heraus? Ein gedruckter Papierstreifen, und auf diesem standen ungefähr diese Worte: »Junger Mann! Sie werden in nächster Zeit die Bekanntschaft einer hübschen Dame machen. Sie werden sie lieben und trotz mancher Hindernisse auch heiraten und dadurch reich und glücklich werden. Ich gratuliere Ihnen dazu. Der weise Salomon.«

Wie von zehn Blitzen getroffen stand ich da. Was? Ich sollte also heiraten. Und ich wollte doch immer schon Priester werden! Um Gottes willen! Ich und — heiraten!? Mein Herz schlug wie ein Schmiedehammer in mir. Direkt übel wurde mir... Ich hatte keinen Pfennig mehr im Hosensack. Also nichts wie heim. Heim zur Mutter!

Natürlich merkte die Mutter sofort, daß bei mir etwas nicht ganz in Ordnung war, denn ihr Wissen kam bisweilen nahe an Gottes Allwissenheit heran...

Und dann mußte ich ihr alles eingestehen und erzählen, und ich heulte wie ein Schloßhund ...

»O Bua«, sagte sie lächelnd. »Du bist halt no weit nei (hinein) dumm. Wer wird au so ebbes (etwas) glauben! Ist doch alles nur Schwindel und Hokuspokus und Geldabknöpferei! Hätt'st mir g'folgt und mit dem Geld a paar Bretzeln g'kauft. Wär g'scheiter g'wesa. Gang ane im Schatta. Dös uf dem Zettel ischt älles net wohr!«

Was die Mutter sagte, war immer wahr; das wußte ich. Aber der Schrecken war mir so tief ins Herz und in die Glieder gefahren, daß ich mich erst am andern Tag restlos beruhigen konnte, als ich meinen Freund Edi wieder traf.

Der machte auch ein sehr bekümmertes Gesicht. Warum eigentlich? Natürlich wegen seiner Geldmaschine! Er hatte sie daheim sofort ausprobiert. Aber mochte er auch alle möglichen Zeitungsstückchen in die Maschine hineinschieben, es kamen eben immer wieder die gleichen Fetzchen heraus und — kein Geld! Schwindel! Nichts als Schwindel!

Da war es mir dann vollends sicher geworden, daß die Zukunftsprognose des weisen Salomon über mich ebenfalls nichts als Schwindel war. Gott sei Lob und Dank!

Natürlich waren auch die zehn Pfennige verloren,

die ich meinem Freund Edi zu seinem Maschinchen geliehen hatte. Aber sei's drum! Hauptsache war und blieb, daß ich nicht heiraten mußte!

Im nächsten Jahr überkam mich noch einmal die Versuchung, auf die Weihnachtsmesse zu gehen. Aber als ich gleich bei der ersten Bude einen Drehorgler traf, der mit seinem krächzenden Jammerkasten mehr laut als schön tutete: »O du lieber Augustin, alles ist hin, alles ist hin...«, da machte ich alsbald kehrt, denn der Schrecken jenes ersten Messebesuches erwachte aufs neue und stand wie ein warnendes Gespenst vor mir auf. — Wer weiß, ob mir nicht noch Schlimmeres als beim ersten Mal passieren würde ...

Am Heiligen Abend

Das hochheilige Weihnachtsfest warf seine herzerwärmenden Strahlen bereits Tage voraus. Die Festfeier begann mit dem großen Reinemachen.

Zunächst die ganze Wohnung, vorab das »bessere Zimmer«, in welchem der Christbaum hernach seinen ehrenwerten Platz fand. Nachdem das Zimmer mit gelbem Bodenwachs und einer Unzahl von perlenden Schweißtropfen spiegelglatt geworden, durften wir Kinder dieses »Heilige Land« nicht mehr betreten, sondern nur noch hineinspicken wie weiland Moses vom Berge Nebo in das Land Kanaan.

Dann kam das Reinemachen von uns Kindern dran. Ich kann nicht sagen, daß ich davor etwa zitterte und mich dagegen sträubte. Nachher roch man ja so angenehm nach der guten Seife, und um dessetwillen nahm man willig und mit jobscher Geduld die strapaziöse Prozedur von Schwamm und Bürste auf sich.

Meine Eltern und großen Brüder gingen dann auch

noch vor dem Festtag zur Beicht. Auch das gehörte zum weihnachtlichen Reinemachen. Obwohl ich zunächst noch nicht in die einzelnen geheimnisvollen Stufen dieses mystischen Vorganges eingeweiht war, vermeinte ich doch immer, nachher bei den hiedurch Geläuterten auch etwas von der erreichten Wirkung zu verspüren, und ich betrachtete sie mit einer geradezu heiligen Scheu und Ehrfurcht.

Außerdem tat sich der Vater immer auch schon am Nachmittag vor Weihnachten freihändig und mit Hingabe rasieren. Ich sah ihm dabei mit ausgesprochener Begeisterung zu, denn er blies dabei seine Backen auf, was mir über die Maßen gefiel, und auch ich versuchte es alsbald, ihm dies nachzumachen. Dann zwirbelte er seinen strammen Schnurrbart auf (das allerdings vermochte ich damals noch nicht!), was ihm ein majestätisches Aussehen verlieh und ihn seinem Äußern nach unleugbar in die Nähe von Kaiser Wilhelm dem Zweiten und Letzten brachte.

Aber auch die Mutter warf sich dann abends in Gala. Sie zog ihr sogenanntes »Türkisches« an. Das war ein Kleid in mancherlei bunten Farben, wie es zu jener Zeit als geschmackvoll galt. Vielerlei bizarre Linien und Figuren durchzogen die Musterung, so daß es tatsächlich auf den unverbildeten Beschauer, wie z. B. mich, einen türkisch-siamesisch-bedokudischorientalischen Eindruck machte. Auf jeden Fall sah ich an diesem Abend nur mit größtem Respekt zur Mutter auf, und sie gefiel mir noch mehr als sonst, obwohl ich von Mode noch nie etwas verstanden habe.

Natürlich hatten auch wir Buben ein besseres Gewand anzuziehen, was uns zur freien Entfaltung unserer Bubenkräfte ziemlich hinderlich war. Nun, das mußte eben auch sein, und wir beugten uns in wohlerzogenem Gehorsam der frommen Sitte.

So war der Heilige Abend allenthalben mit geziemender Würde vorbereitet, und die Feier konnte beginnen. Das kleine Glöckchen am Christbaum machte mit seinem feinen, silberhellen Ton ein paar Mal »kling-kling, kling-kling«, und dann standen wir in ehrfürchtigem Staunen vor dem strahlenden Christbaum und der lieblichen Krippe und dem bescheidenen Gabentisch.

Der Ritus der Heilig-Abend-Feier war durch alte Vätersitte in sich sakrosankt!

Zuerst sangen wir ein Lied, und das konnte nur sein: »Stille Nacht, heilige Nacht«. Das brachte uns in die richtige Stimmung. Wir Buben sangen die Melodie. Meine Mutter hatte einen herrlichen Alt. Darum sang sie gewöhnlich die zweite Stimme. Der Vater sang zunächst mit uns Buben. Wenn er dann merkte, daß wir unserer Sache sicher waren, stieg er in die

Kellertiefe seines sonoren Basses hinab. Merkwürdig war nur, daß unsere Mutter bisweilen bei den Weihnachtsliedern nasse Augen bekam, ja daß sie sogar manchmal richtig weinte... Warum auch? Ich weiß es nicht. Jedenfalls steckte es dann auch mich bisweilen an, und ich mußte mich räuspern und husten.

Sonst aber sang ich aus ganzem Herzen, so daß Frau Ebert, die auf dem gleichen Stockwerk wie wir nebenan wohnte, am andern Tag immer sagte, sie habe uns durch die Wand hindurch singen gehört, und es sei so »arg schön« gewesen; besonders meine Stimme habe sie deutlich gehört...

Was machte es dabei auch aus, wenn ich mir hie und da meinen eigenen Text schuf und statt: »Ihr Kinderlein kommet« um so überzeugter sang: »Ihr Rinderlein kommet« oder unter den »redlichen Hirten« immer nur »rötliche Hirten« verstand, da nun einmal die Hirten an unserer Krippe ein rotes Wams anhatten!

Was machte das alles auch aus? Nach dem Zeugnis der Heiligen Schrift sieht Gott viel mehr auf das Herz als auf den Mund, und das Herz war bei mir voll kindlicher Unschuld und Gläubigkeit!

Nach dem feierlichen Teil kam der gemütliche. Nun wurden die »Christkindle«, die Geschenke ausgeteilt und ausgepackt und bestaunt und bewundert. Wir Kinder bekamen nicht viele Dinge. »Viel«, sagte mein Vater, »fährt man auf dem Wagen, und der kann nicht bis zu uns in den 3. Stock heraufkommen!« Was wir geschenkt bekamen, waren vor allem nützliche Dinge für den täglichen Gebrauch: Schuhe, Strümpfe, Wäsche usw. Nicht zu vergessen: Sacktücher!! »Wer in d'Händ schneuzt, ist ein Dreckbattle!« sagte unsere Mutter. Nein, ein Dreckbattle wollten wir beileibe nicht sein. Also — —

Einmal wollte auch ich den Eltern etwas schenken. Aber was? Geld hatte ich keines, um etwas zu kaufen. Aber ich hatte ja eine große »Gruscht-Schachtel« mit allerlei gesammelten Raritäten, die jedenfalls mir überaus kostbar erschienen. Darin suchte ich nun, ob ich vielleicht etwas Brauchbares für die Eltern finden würde. Jawohl — ich fand etwas. Als nun der Heilige Abend gekommen und die Bescherung für uns Kinder zu Ende war, ging ich in meiner angeborenen Schüchternheit zu Vater und Mutter hin und sagte so feierlich, als ich konnte: »Ich hab' auch ein Christkindle für dich!« Und dann zog ich aus meiner linken Hosentasche ein Stückchen Schuhriemen heraus. Das war für den Vater. Und aus meiner rechten Hosentasche — weil ich diese Kostbarkeit in mein Sacktuch noch extra eingewickelt hatte! — ein Stückchen Bärendreck. Das war für die Mutter! Oh, sie lachten erfreut darüber. Und dann schenkten sie mir sogar alles wieder zurück ...

Zuletzt kam noch ein ganz wichtiger Akt: Es galt, mit vereinter Puste den Kerzen am Christbaum das Licht auszublasen. Meine älteren Brüder taten da sehr groß, und es gelang ihnen auch leicht bei den Kerzen an den unteren Zweigen. Aber dann sagte der Vater plötzlich irgend etwas Lustiges, worauf die Brüder alle lachen mußten und nimmer blasen konnten. Dafür nahm der Vater nun mich auf den Arm, und so konnte ich die oberen und letzten Kerzchen ausblasen, was mich natürlich mächtig stolz machte. Was lag mir auch daran, wenn meine Brüder mich nachher einen »Nachtwächter« hießen ...

Nun aber ging's hurtig ins Bett. Der Vater hatte dafür immer einen Spruch aus seiner Soldatenzeit bereit: »Frühzeitig zu Bett gehen! Morgen gibt's einen anstrengenden Tag. Der Hauptmann hat's befohlen!« Das sagte er im pursten Hochdeutsch, und wenn der Vater hochdeutsch sprach, dann war's ihm immer heiliger Ernst!

Wir gingen an diesem Abend schon deshalb immer frühzeitig zu Bett, weil wir ja am anderen Morgen auch ins »Engelamt« gehen wollten.

Engelamt! Ha, da gab's gleich zu Beginn ein extra interessantes Schauspiel in der Kirche. Damals hatten die beiden großen Christbäume neben dem Hochaltar nämlich noch keine elektrische Beleuchtung, sondern richtige, echte Wachskerzchen. Mit dem gewöhnlichen Anzündstecken konnte der Mesner aber unmöglich die Kerzchen zuoberst erreichen. Darum hatte er schon vorher alle Kerzen durch eine lange Zündschnur miteinander verbunden. Und nun war das für uns ein einmaliges Schauspiel vor dem Engelamt, wenn die Zündflamme wie ein flinkes Eichhörnchen von Kerzchen zu Kerzchen sprang, hoch hinauf, hin und her und wieder herab... Und dann stand der ganze große Christbaum hellstrahlend vor uns!

Ja, das wollten wir uns gewiß nicht entgehen lassen. Darum nur rasch ins Bett!

Vorher aber nochmals geschwind einen Augenblick ins Weihnachtszimmer, denn da war so ein geheimnisvoller, honigsüßer Ruch von den ausgeblasenen Wachskerzchen und angebrannten Tannenzweigen — ein unbeschreiblich wonniger Duft, fast wie in der Kirche. Oder gar wie im Himmel?

Ja, ja! Ich glaub' sicher, wie im Himmel! Denn an diesem Abend hat sich doch der Himmel geöffnet und sich zur Erde herabgeneigt...

Wie ich das Christkind suchen ging

Das war doch jedesmal eine verflixte Geschichte: Wie die Armen Seelen mußten wir Kinder am Heiligen Abend im Wohnzimmer warten und warten. Drüben aber, im sogenannten »besseren Zimmer«, ging es gar geheimnisvoll zu. Da spielten sich offenbar Dinge ab, die für unsere Kinderaugen, trotz unserer Unschuld, immer noch zu heilig waren; denn wir durften nie dabeisein und zuschauen.

Ja natürlich: Da war doch das Christkind vom Himmel da und legte all die schönen und guten Sachen auf den Gabentisch unter dem Christbaum!

Aber dann endlich, endlich hörten wir ein feines Glöckchen läuten. Die Türe ging auf, und Vater und Mutter riefen uns freudestrahlend ins Zimmer.

Du lieber Himmel! Mir stand gewöhnlich für Sekunden der Schnaufer still vor lauter Staunen und Bewundern ob all des Glitzerns und Glänzens des strahlenden Christbaums ...

Und dann sagte der Vater, der meinen suchenden Blick gar wohl verstand: »Grad eben ist's Christkind fort!« Und ich hätte es doch für mein Leben gern einmal gesehen! Aber nein: »Grad eben ist's Christkind fort! Grad eben . . .!«

Kein Mensch vermag zu ahnen, wie dieses Entwischen des Christkindes in letzter Sekunde meinen naturgewaltigen Spürsinn reizte: Das wäre gelacht, wenn ich dieses Christkind nicht doch einmal erwischen würde! Diesmal also ist's nichts mehr. Aber im nächsten Jahr!

Was tun? — Nun, im nächsten Jahr stellte ich mich vor die andere Türe, die vom »besseren Zimmer« auf den Hausflur führte. Als dann das sehnsüchtig erwartete Klingeln von drinnen ertönte, stürzte ich vom Hausflur ins Zimmer hinein: »Aber diesmal sehe ich es gewiß, das Christkind!« So dachte ich.

Doch nein! Wieder hieß es: »Grad eben ist's Christkind fort! Grad eben . . .!«

Vater und Mutter lächelten. Mir aber stand das Weinen nahe, und ich fragte: »Aber ich stand doch da vor der Türe. Ich hab's nicht gesehen!«

Die Eltern lachten noch mehr und meinten: »Dann ist's wohl durch die andere Türe fort!«

Durch die andere Türe? Das heißt man doch Pech! Also wieder am falschen Platz gelauert. Aber meine beiden Brüder hatten es doch auch nicht gesehen. Und auch sie lachten ein wenig . . . Merkwürdig!

Nun, bis zum nächsten Jahre wird mir schon etwas einfallen, daß ich das Christkind bestimmt erwischen und sehen werde...

Jawohl, es fiel mir auch etwas ein: Ich machte die Entdeckung, daß die Türe zum »besseren Zimmer« ganz oben einen breiten Spalt hatte. Ob sich da nichts erspähen ließe? Gewiß! Aber wie da hinaufkommen? Ich war doch noch ein kleiner Knirps, und ich mochte mich recken und strecken, so sehr ich wollte, es reichte nicht hinauf. Noch niemandem gelang dies Wunder, so ohne weiteres seiner Leibeslänge bzw. seiner Leibeskürze eine oder auch zwei Ellen dranzusetzen. Und bei mir fehlten mindestens drei Ellen!

Allein, Not macht erfinderisch. Als der Heilige Abend übers Jahr wieder gekommen war, da stellte ich zwei Stühle aufeinander. Meine Brüder mußten mir hinaufhelfen. Und nun und wahrhaftig, diesmal konnte es nicht mehr fehlen! Jawohl — ich sah durch den Türspalt ins »bessere Zimmer«.

Und was sah ich?

Ach — das Christkind, wie ich es mir immer vorgestellt hatte, sah ich mit dem besten Willen nicht. Nein! Aber ich sah, wie Vater und Mutter Gabe um Gabe auf dem Tisch unter dem Christbaum zurechtlegten und dann den Christbaum anzündeten und gerade mit dem Glöckchen läuten wollten — da, da kriegte ich es plötzlich mit der Angst zu tun. Ich schrie aus Leibeskräften...

Die Türe ging auf: Der Vater stand da. Ich fiel in seine Arme und an sein Herz und wußte in diesem Augenblick, wer das »Christkind« jedjährlich gewesen ist und wer uns die guten, schönen Sachen bescherte: niemand anders als meine lieben Eltern selbst!

Ein Stück Zauber war mit dieser Entdeckung zwar aus meinem Kinderparadies verschwunden. Aber ich war dadurch dennoch nicht ärmer geworden; denn die Liebe und Dankbarkeit zu den Eltern war zugleich gewachsen. Die Glorie um das Haupt von Vater und Mutter hatte einen neuen Glanz bekommen und eine bleibende Weihe von der stillen, heiligen Nacht...

Die Sache mit Strolch und dem Wurstzipfel

Mein Freund hatte reiche Eltern. Und er besaß einen Hund namens »Strolch«.

Dieser Freund sagte am Weihnachtsfest nach dem feierlichen Hochamt zu mir: »Kommst heute nachmittag zu mir?«

»Warum?«

»Ich muß dir doch zeigen, was mir das Christkind alles gebracht hat.«

Natürlich — das mußte ich sehen!

»Ich werde kommen«, sagte ich zu ihm. Und ich kam.

Was es da gab — so etwas hatte ich bis dahin noch nie gesehen, nicht einmal geträumt (und im Traum hatte ich immerhin schon einmal eine Weltreise bis nach China gemacht). Bei meinem Freund war ein ganzes Zimmer ausgeräumt worden. In der Mitte stand ein riesengroßer Christbaum. Auf einem breiten Tisch in der Ecke waren die zahllosen Geschenke ausgebreitet und auf dem Boden eine so kompliziert verzweigte Eisenbahn-Gleisanlage, daß man fast ein trainierter Zehengänger sein mußte, wollte man nicht auf die Schienen treten. Dazu erklärte mir mein Freund, die ganze Eisenbahn sei »elektrisch fixiert« (sollte heißen: »elektrifiziert«). Was soll das? Ich verstand es nicht. Um so gewaltiger war ich beeindruckt, als mein Freund plötzlich auf einen Knopf drückte: Der Eisenbahnzug brauste daher und vorbei wie der wahrhaftige Orientexpreß... Ja, und dann spielten wir herrlich drauf los, den ganzen Nachmittag.

Als es allmählich dunkel wurde, sagte ich: »Aber jetzt muß ich heim!«

»Ach was,« meinte mein Freund, »jetzt kommt doch erst noch das Interessanteste.«

»Was denn?«

»Mensch, unser Christbaum kann tanzen und dabei von selber Musik machen.«

Mir verschlug's die Sprache. Aber schon kroch mein Freund unter den Riesenchristbaum, machte an der Dose, in welcher der Baum stand, irgend etwas herum, und — potz Blitz und Donnerschlag! — der Christbaum begann sich tatsächlich langsam zu drehen, und dabei ertönte, wie auf einer Zither angezupft, zugleich aus der Dose das Lied »Stille Nacht, heilige Nacht« und dann »O du fröhliche, o du selige, gnadenbringende Weihnachtszeit«.

Nein, so etwas hatte ich noch nie gesehen und gehört. Und weil es uns so gut gefiel, ließen wir es zweimal abspielen.

Währenddessen meldete sich »Strolch«. Er wollte offenbar auch in den Genuß dieses Wunderspieles kommen und bellte darum vor der Türe aus Leibeskräften. Wir ließen ihn herein. Er sah und hörte zu — offenkundig mit größtem Wohlbehagen, was er mit energischem Wedeln des Schwanzes demonstrierte.

Da hatte ich auf einmal einen Einfall: »Du«, sagte ich zu meinem Freund, »wie wär's, wenn der Strolch im Galopp um den kreisenden Christbaum herum springen würde?«

»Gut, aber wie bringen wir ihn dazu?«

»Einfach: Wir brauchen einen Wurstzipfel, und den binden wir an die unteren Zweige des Christbaumes an.«

»Prima! Prima!« erklärte mein Freund.

Sofort holte er aus der Küche den lockenden Zipfel einer leckeren Leberwurst. Den banden wir, wie vorgeschlagen, fest. Die Spieldose begann zu tönen. Der Christbaum drehte sich, und der Dackel sprang mit dem Wurstzipfel wahrhaftig um die Wette. Es klappte also großartig. Ein Schauspiel für Götter und Menschen! Wir hielten uns die Bäuche vor Lachen und kamen uns zugleich wie die bedeutendsten Erfinder der

Welt vor. Das ging ja noch über die sensationellste Attraktion vom Zirkus!

Aber noch war der Gipfel des Genusses nicht erreicht.

»Schneller, schneller!« rief ich.

Mein Freund kroch wieder unter den Christbaum, schraubte nochmals irgendwo herum, und schon ging's schneller und immer schneller. Auch die Musik stieg höher und höher. Aus der »Stillen, heiligen Nacht« wurde eine Nacht voll Geheul und Gejohle, wie wenn alle zehntausend Teufel auf einmal losgelassen worden wären. Dabei raste der Christbaum wie eine wilde Windsbraut um seine eigene Achse. Die glitzernden Kugeln schlugen zunächst aneinander, bald aber flogen sie an die Zimmerwände und in die Ekken, wo sie wie Platzpatronen in tausend Stückchen versplitterten.

Strolch hatte bei diesem infernalischen Lärm den Wettlauf mit dem Wurstzipfel längst aufgegeben und suchte, am ganzen Leibe zitternd, unter dem Tisch seine letzte Rettung.

Da ging plötzlich die Türe zum anstoßenden Wohnzimmer auf, und herein stürmte — der Vater meines Freundes.

»Ihr miserablen Nichtsnutze, ihr!« hörte ich ihn noch rufen. »Da geht's ja zu, daß man glauben möchte, der Jüngste Tag sei gekommen und die Welt gehe unter ...«

Mir war sofort klar, wieviel es geschlagen hatte. Im Nu schob ich mich zur andern Türe hinaus und entging dadurch dem nun folgenden entsetzlichen »Weltgericht«...

So fand dieser schöne Nachmittag sein schreckliches Ende. Und wir hatten doch gar nichts Böses gewollt!

Noch im Traume der folgenden Nacht hörte ich den Spektakel dieses Hexensabbats und spürte die Kugeln um meine Ohren sausen.

Als unser Christbaum wachsen sollte

Unser Christbaum war nicht groß. Mein Vater sagte immer: »Für uns ist er groß genug. Wir wohnen ja zuoberst im dritten Stock. Darum steht er immer noch über allen andern Christbäumen vom ganzen Haus.«

Diese Apologetik leuchtete auch mir ein. Ich war mit unserem Christbäumchen also wohl zufrieden, zumal wenn es so herrlich geschmückt war. Da brachte ich den Mund kaum mehr zu vor lauter Bewunderung.

Was hing auch nicht alles an diesem Zauberbaum?

Die großen Kugeln: rot und grün und blau und andersfarbig — nur hochschulstudierte Maler wissen den richtigen Namen für den Farbton. Stundenlang konnte ich sie betrachten. Je näher, desto lieber. Und welche Entdeckungen man dabei machte! Man konnte sich in ihrem lockenden Glanze direkt spiegeln, und — potz Blitz! — dabei kannte man sich plötzlich selber nicht mehr! Das Gesicht erschien entsetzlich verändert: aufgequollen wie ein Kürbis, die Nase breit und platt, wie wenn sie unter eine Kuchenwelle geraten wäre. Und die Augen, die Ohren — alles einfach fürchterlich. Dennoch — man schaute immer wieder hin. Man konnte sich nur schwer davon trennen. Es war zu faszinierend!

Dann hingen an unserm Christbaum noch so allerlei Gestalten: bunte Zwerglein, ein Kaminfeger (aber in Weiß), dazu so eine Art Rübezahl mit langem Bart, ein strammer Unteroffizier usw. usw. Ein munteres, bewegliches Völkchen, das da zwischen den Ästen lustig hin und her schaukelte.

Und vollends die glänzende Spitze ganz oben! Die glich der Spitze eines Helmes, wie ihn die damaligen Soldaten und Schutzleute trugen. Diese Spitze gab dem ganzen Baum etwas Ehrfurchtheischendes, und in jener Zeit der Kaiser und Könige, der Wilhelms Numero 1 und 2, lag die Versuchung nahe, vor dem Christbaum strammzustehen und die Daumen an die Hosennaht zu pressen. Jawohl — unser Christbäumchen war eine kleine Majestät!

Einmal aber geschah's, daß ich in das Weihnachtszimmer im 1. Stock des Hauses durfte. Dort wohnten die Webers. Und da sah ich einen Christbaum — mein Gott! — vom Fußboden bis zur Zimmerdecke hinauf. Mir blieb die Spucke weg! Der Herr Weber sah dies mit fettem Schmunzeln und fragte mich: »Na,

Kleiner, habt ihr bei euch da droben auch so einen schönen, großen Christbaum?«

»Nein«, hauchte ich beschämt, nachdem ich die ersten Schrecksekunden überstanden hatte.

»Ja«, sagte der Herr Weber, »ihr habt wohl ein noch junges Tannenbäumchen. Du mußt es nur tüchtig gießen. Dann wächst es und wird auch so groß wie der da.«

Ich sah den Mann nochmals an. Wie der mit seinem großen Baum aufprotzte!

Dann aber rannte ich die Treppen hinauf, in unsere Wohnung im 3. Stock. Gut, daß gerade niemand daheim war und ich den Türschlüssel unter dem Fußabstreifer fand. Ha no, dem da unten, dem will ich schon zeigen, daß wir da oben auch eines so großen Christbaumes wert sind. Hei, und wie die Eltern und Brüder staunen werden, wenn sie — vielleicht schon heute abend, aber ganz sicher am nächsten Morgen — merken: »Unser Christbäumchen ist ja gewachsen! Und wer hat das fertiggebracht? Niemand anders als unser Bua!«

Also hurtig ans Werk: Das Gießkännchen auf der Veranda geholt und mit Wasser gefüllt, und dann... Ich begoß unser Christbäumchen kräftig und mit Liebe!

Bald darauf kamen Eltern und Brüder heim. Sie

waren merkwürdigerweise mit meiner Wachstumshilfe gar nicht einverstanden. Es lief freilich auch das Wasser allmählich im ganzen »besseren Zimmer« herum. Hochwasser im 3. Stock!

Die Mutter sprang mit Eimer und Putzlumpen. Und auch beim Vater gingen geschwind die Wellen hoch.

Wer das Weitere wissen will, der kann es ja selber einmal probieren, seinem Christbäumchen daheim durch eine Kanne Wasser zu größerem Wachstum zu verhelfen...

Rache an Herodes

Unter den vielen frommen Dienern Gottes in unserer Stadt war auch ein Pfarrer, der sich trotz seines hohen Alters und der wenigen weißen Härchen, die seine hochwürdige Glatze wie eine vom Reif überzogene Thujahecke einsäumten, ein kindliches Gemüt und Herze bewahrt hatte.

Das zeigte sich besonders in der Advents- und Weihnachtszeit. Da machte der gute Herr nämlich in einer der Seitenkapellen seiner Kirche tabula rasa, d. h. er räumte so gründlich mit allen dort plazierten Dingen auf, daß außer dem Boden und den Wänden fast nichts mehr übriggelassen wurde.

Weiß nicht, was die Heiligen in jenem Seitenhimmel der Kirche dabei dachten. Auf jeden Fall — sie mußten für diese Zeit ihren Standpunkt aufgeben, und sie ertrugen es schweigend, wie es sich für gute Heilige ziemt.

Aber jener Pfarrer war beileibe kein brutaler Zerstörer. Er zeigte sich vielmehr danach eher als ein großartiger Zauberkünstler.

In dem leeren Raum der Seitenkapelle erstand über Nacht das ganze heilige Land Palästina, dazu noch die Randgebiete von Mesopotamien und Ägypten und anderer unheimlicher Erdteile. Im Rahmen dieser grandiosen Szenerie wurde nun unsere christliche Heilsgeschichte mit einer ganzen Heerschar von geschnitzten Figuren dargestellt. Wie vor dem Einzug in die Arche Noah wimmelte es nur so von Menschen und Tieren. Einfach unbeschreiblich, was da zu sehen war: so gut wie alles, was durch Gottes Liebe und Macht jemals Odem bekam und unter dem Himmel und auf der Erde fleucht und kreucht.

Die dargestellten Szenen begannen bei diesem lieben Pfarrherren nicht erst mit dem Wunder der Weihnacht. Nein, schon in den ersten Adventstagen setzte das heilige Drama ein. Zuerst kam die Darstellung von Mariä Verkündigung, dann Mariä Heimsuchung, dann die Herbergssuche usw. usw.

Dieser oftmalige Szenenwechsel mit all den vielfachen Novitäten ward natürlich in der ganzen Stadt, vorab bei der Kinderwelt, bekannt, und die ächzende Kirchentür kam in dieser Zeit kaum mehr zur Ruhe. Ganze Scharen von Kindern strömten, wie ehedem die Kreuzfahrer zum Heiligen Land, in diese Kirche und drängelten sich drinnen vor den Bildern der Biblischen Geschichte nicht weniger aufmerksam als vor einer Schießbude auf dem Cannstatter Volksfest.

Eines Tages — kurz nach dem hochheiligen Weihnachtsfeste — standen wir wieder einmal davor. Wir wußten natürlich schon aus dem Religionsunterricht, um was es hier ging. Aber als wir es so leibhaftig vor uns dargestellt sahen, ließ es uns doch fast das Herz stille stehen.

»Da guck nur hin!« sagte mein Freund, der neben mir stand, und stieß mich mit seinem Ellenbogen in meine empfindsamsten Seitenrippen. »Da guck nur hin!«

Das war einfach fürchterlich: Da sah man zum Greifen nahe, wie die blutrünstige Soldateska die kleinen Knäblein in Bethlehem und um Bethlehem herum aus den Armen der schreienden Mütter riß! Später versicherte mir mein Freund auf Ehr' und Seligkeit: Er habe die Mütter sogar schreien gehört. (Ich hatte sie natürlich auch gehört — aber nur im stillen!) Und dann schlugen die schnauzbärtigen Kerle den Knäblein den Kopf herunter. Andere stießen ihnen ihre Säbel sogar mitten in den Bauch — jawohl!

Herrschaft nochmal! Darf denn das sein? Wo sind damals die Schutzleute gewesen? Sonst stehen sie doch auch an allen Straßenecken und tauchen auf, wenn wir sie am wenigsten brauchen können!

Und das alles nur wegen diesem König Herodes!

»Siehst du den gemeinen Kerl dort oben stehen?« flüsterte mir mein Freund zu.

Ja, ja! Dort oben, auf dem Balkon seines Schlosses, stand er, der Wüterich, und schaute auch noch ganz vergnügt dem Morden seiner Soldaten zu!

»Was der für einen großen Kopf hat!«

»Hm«, meinte mein Freund mit ehrlichem Grimm, »der Herodes gehört um einen Kopf kürzer gemacht! Meinst nicht auch?«

Ich nickte aus tiefster Überzeugung: »Jawohl, der Herodes gehört um einen Kopf kürzer gemacht! Das wäre gerechte Rache. Aug' um Aug', Zahn um Zahn und — Kopf um Kopf!«

Einige Tage später gingen wir wieder zur Krippe und zum erbarmungswürdigen Sterben der Unschuldigen Kinder. Aber — was ist denn das? Der Herodes war wahrhaftig um einen Kopf kürzer gemacht! Ein unsägliches Gefühl der Befriedigung erfüllte uns. Sein dicker Kopf, den er noch vor wenigen Tagen so protzig und hochnäsig getragen hatte, war ihm inzwischen, offenbar mit einem Stecken, abgeschlagen worden.

Die großen Leute, die es auch sahen, meinten zwar, das hätte man nicht tun dürfen. Wir aber dachten: Ihm war ganz recht geschehen. Nur schade, daß der Kerl bloß einen Kopf hatte. Zehn oder zwanzig

Köpfe sollte man ihm abschlagen können! Das hätte uns noch mehr befriedigt.

Aber — wer hat wohl die verdiente Rache an ihm genommen?

Ich nicht! Nein, gewiß nicht! Und mein Freund...?

Nun, mein Freund war und blieb mein Freund. Trotz, nein gerade wegen der Rache an dem grausamen Herodes...

Die Liebe des heiligen Johannes

Der Johannestag gehört wesentlich zu den Freudentagen der Weihnachtszeit, und das — wegen des gesegneten Weines!

An diesem Tag versäumte meine fromme Mutter noch weniger als sonst die heilige Messe. Ich durfte natürlich mit. Da nahm sie ihre Tasche, den sogenannten »Ritterkühl«, mit. Genauer gesagt: Ich durfte besagten »Ritterkühl« tragen.

»Paß mir aber gut auf!« sagte sie in fürsorglichem Ernst, »laß ihn ja nicht fallen!«

»Warum darf ich ihn nicht fallen lassen?« frug ich naiv, als hätte ich bereits insgeheim solch eine Untat geplant.

»Weil eine Flasche Wein darin ist.«

»Warum ist eine Flasche Wein darin?«

»Weil heute in der Kirche Wein gesegnet wird.«

»Warum wird heute in der Kirche Wein gesegnet?«

Und die gute Mutter ward der unzähligen »Warum« nicht überdrüssig, sondern begann mit unendlicher Geduld, mir unterwegs zu erzählen, wie Sankt Johannes einmal von einem Irrlehrer gebeten wurde, zum Beweise der Richtigkeit seines Glaubens einen Becher mit vergiftetem Wein zu trinken; Johannes habe es getan, und es habe ihm gar nichts gemacht. Darum segne man jedjährlich an seinem Festtag den Wein, damit auch wir dadurch den Segen Gottes bekämen, vor allem die rechte Liebe, wie sie Sankt Johannes besaß. Darum solle man beim Trinken des gesegneten Johannesweines beten: »Ich trinke die Liebe des heiligen Johannes.« Wer so bete und den gesegneten Wein trinke, dem könne er gewiß nicht schaden.

»Darf ich dann auch von diesem Wein trinken?« frug ich höchst interessiert.

Da schwieg die Mutter plötzlich. Ob sie merkte, in welch heikle Situation ihre vorigen Worte und meine jetzige Frage sie gebracht hatten? Aber dann sagte sie doch klipp und klar: »Ich glaube schon.«

So gingen wir in die Kirche hinein. Aber ehe ich noch mit dem Wein im »Ritterkühl« in meine Bubenbank vorging, legte sie mir noch besonders ans Herz: »Tu auch den Pfropfen von der Flasche weg, wenn der Herr Stadtpfarrer den Wein segnet.«

»Warum?«

»O Bua! — daß der Segen auch richtig in die Flasch' hinein kann!«

Die gute, fromme Mutter! Ob sie das ernst meinte oder nur so sagte?

Auf jeden Fall versäumte ich nicht, den Pfropfen schon beim »Ite missa est« abzuziehen. Es tat einen kleinen Knall in die Stille. Einige Kinder schauten zu mir her und lachten. Was macht's? Jetzt konnte sicher schon der Meßsegen in die Flasche hineinspringen, und doppelt gesegnet muß doppelt gute Wirkung haben!

Daheim bekam ich dann tatsächlich auch von dem gesegneten Wein. Allerdings nur einen Fingerhut voll. Aber das merkte ich doch, wie gut und lieblich der Wein schmeckte. Und ich spürte auch gleich etwas von der Liebe. Zunächst freilich nur von der Liebe -- zum Wein!

Ich merkte mir wohl den Platz in der Speisekammer, wo die Mutter die Flasche mit dem Johanneswein hingestellt hatte. Und da überwältigte mich mehr und mehr die Sehnsucht nach noch mehr Liebe. Ich schlich mich in einem unbeobachteten Augenblick dorthin und lupfte die Flasche einmal und nochmal... und nochmal... Wie sagt doch der heilige Paulus im Korintherbrief: »Die Liebe höret nimmer auf!«

Das ist sicher wahr. Aber nicht immer ist wahr: »Die Liebe erträgt alles.«

Mir wurde plötzlich so merkwürdig im Kopfe. Ich

sah die Welt um mich so wunderlich und komisch. Mir wurde geschwind zum Weinen und doch auch wieder zum Lachen.

Da kam die Mutter dazu: »Aha! — Was tust du denn in der Speisekammer, he?«

Mühsam, aber doch ehrlich bekannte ich: »Ich trinke die Liebe des heiligen Johannes!«

»So, so — die Liebe des heiligen Johannes! — Aber jetzt — alla hoppdich! — nichts wie ins Bett!«

Da hatte ich dann Zeit, über die Liebe des heiligen Johannes meine Betrachtungen zu machen, bis mir allmählich die Augen zufielen und ich in tiefen Schlaf versank...

Nachher aber war mir klar geworden: Die Liebe ist ein gar gefährlich Ding! Sie kann den Menschen direkt überwältigen — ja, auch die gesegnete Liebe des heiligen Johannes!

Silvestererinnerungen

Der Silvesterabend trug bei uns daheim immer ein recht seriöses Gesicht, also ohne Narrenkappe und Hokuspokus. Der Vater sagte: »Beim Sterben macht man keine Witze!«

Ich darauf: »Wer stirbt denn da?«

»Das alte Jahr!«

Hm, ich verstand natürlich nicht recht, was der Vater meinte. Aber als ich dann im Abendgottesdienst bei der Silvesterpredigt den Herrn Stadtpfarrer mit so tiefer und hohler Stimme sprechen hörte — die Herren Pfarrer tun ja gerne so, wenn es besonders ernst und feierlich ist! — und wie es dann hernach in der Silvesterandacht hieß: »O Gott, gönnest du uns noch ein folgendes Jahr, wir wollen es weise benützen... Unsere Lebenszeit eilt, unsere Tage schwinden, Tod und Ewigkeit nahen mit schnellen Schritten...«, und wie der Vater dabei so gesammelt dakniete und die Mutter mit ihren leicht zitternden Händen das Gesangbuch hielt — da kam ein heiliger Schauer über mich, obwohl ich dies alles nicht ganz verstand.

Nachher sangen wir dann aus Leibeskräften das Lied »Danket dem Herrn, denn er ist gut ...« Trotzdem wurde ich eine gewisse Bangigkeit nicht ganz los.

Daheim ging es dann nach einem nicht zu starken »Katharinas Malzkaffee« (sollte eigentlich heißen »Kathreiners Malzkaffee«!) bald ins Bett; denn — so lautete wiederum Vaters Weisheitsspruch — »das neue Jahr muß man frisch anfangen, sonst taugt es nachher alle Tage nichts Rechtes!«

Und dann kam die geheimniserfüllte Mitternachtsstunde. Plötzlich wurde ich an der Nase gezwickt. Die Augen aufgeschlagen — sah ich meine zwei Brüder im Nachthemd vor mir stehen, und halblaut sagten sie: »Hörst's auch? — Die Glocken läuten!«

O ja, ich hörte sie läuten, die Glocken von ein, zwei, drei Kirchen. Zwar krachten einige »Frösche« dazwischen. Aber die Glocken übertönten sie doch. Ein feierliches, vielstimmiges Wogen der Töne ...

Und wieder kam mir des Vaters Wort vom Sterben des alten Jahres und die Gravität der Silvesterpredigt und -andacht in den Sinn, und ein wehmütigsüßes Gefühl erfüllte mich: Ist das nicht wie Grabgeläute? Oder ist es mehr? Noch etwas anderes?

Ich kuschelte mich wieder in die Kissen, ja ich schlupfte unter die Decke und war ein wenig traurig und ein wenig froh ...

Silvester!

Einmal aber bekam der Silvestertag doch ein tragikomisches Gepräge durch ein Ereignis, das mir unvergeßlich geblieben ist.

Das erste Silvesterereignis bescherten mir meine Brüder daheim. Es geschah schon am Nachmittag. Die Eltern waren im Zimmer, während meine zwei Brüder auf einmal stillschweigend verdufteten. Mich erfaßte plötzlich ein geheimnisvoller Sog: Ich mußte zu ihnen! Ha, in der Küche fand ich sie bei einem geheimnisvollen Tun. Da brannte auf dem Gasherd eine helle Flamme. Daneben stand ein Glas, mit Wasser gefüllt. Und einer der Brüder hielt gerade einen Löffel über die Gasflamme. Eine silberglänzende Flüssigkeit bewegte sich zäh in dem Löffel hin und her.

»Jetzt schnell damit, da hinein in das Wasser!« sagte einer der Brüder.

In diesem Augenblick geschah's: Der Löffel brach entzwei, und ein Teil davon mit der silbrigen Flüssigkeit fiel von selbst in das Glas mit Wasser. — Tschsch! Wie das zischte und fauchte! Dann aber — patsch — lag die ganze geheimnisvolle Herrlichkeit samt dem Glas Wasser auf dem Küchenboden...

Natürlich kamen gleich die Eltern aus dem Zimmer, und die nun folgende Gerichtsszene brachte alles heraus: Es handelte sich hier um nichts anderes als um ein mißglücktes Bleigießen! Die Brüder wollten aus den gegossenen Bleiformen die Zukunft herauslesen.

»O Bueba!« meinte die Mutter kopfschüttelnd. »Ihr send aber no weit nei (hinein) dumm!«

»Und jetzt?« fragte der Vater. »Der Löffel ist entzwei. Das Glas ist kaputt. Das einzig Positive scheinen die Scherben zu sein, denn die sollen ja Glück bedeuten.«

Wie zwei begossene Pudel standen die Brüder da. Bis jetzt hatten sie von dem Glück wahrhaftig noch nichts verspürt. Aber, wer weiß — vielleicht kommt's noch? Vielleicht im neuen Jahr? —

Das zweite Silvesterereignis, das sich mir eingeprägt hat, geschah am Abend.

Die Andacht war aus. Wir Buben gingen miteinander nach Hause. Auch Daums Albert aus dem Hinterhaus war dabei. Ein Erzschlecker! Immer wieder zog er irgendeine leckere Süßigkeit aus seiner unergründlichen Hosentasche heraus und vermampfte sie. Wo der Kerl nur immer die guten Sachen herkriegte! Der gelbe Neid fraß inzwischen an unserem Herzen. Aber da tat es bei ihm plötzlich einen gewaltigen Knall — ein Schrei — und aus Alberts Mund schoß Feuer und Rauch.

Was war da los?

O weh, bei dem fortwährenden Schlecken aus der

Tasche war dem Albert zwischen die Süßigkeiten auch eine — Knallerbse geraten. Albert biß darauf, und die Knallerbse ging los.

Nun, der Kerl behielt trotz allem den Kopf, aber drei Zähne hat's ihm gelupft. Drei Zähne! Die waren bei der Knallerbsenexplosion lustig herausgeflogen. Eine breite Zahnlücke bezeugte es sichtbar.

Was konnte uns »Jung-Pharisäern« jetzt näher liegen, als dem mitgenommen Albert Daum alsbald einen neuen Übernamen zu verleihen? Wir hießen ihn fortan den »Knallerbsen-Lucke«. Mit diesem Ehrentitel schritt er ins neue Jahr hinüber, und er trug ihn auch weiterhin bei seinen Freunden alle Tage seines Lebens — mit männlicher Würde!

Die Heiligen Drei Könige und die Jungfrau vom Lilienbanner

Jene geheimnisvollen Männer aus dem Morgenland hatten es mir schon immer angetan! Ich war von der Krippe fast nicht mehr wegzubringen, wenn ich sie so daherziehen sah mit reichem Troß, mit den buckeligen Kamelen und mit jenem kraftstrotzenden Tier, dem ein Schwanz hinten und ein Schwanz vorne herunterhing — für gewöhnlich »Elefant« genannt. Schade, daß man sich nicht zweitausend Jahre alt machen kann — ich wäre damals bestimmt auch dabeigewesen, vielleicht als Kameltreiber oder als Elefantenschwanzbändiger oder gar als einer der Heiligen Drei Könige selbst!

Egal! Noch waren nicht alle Chancen verloren, denn meine Mutter erzählte mir aus ihrer älblichen Heimat etwas, was mich fast aus dem Häuschen brachte. Dort gäbe es in der Zeit nach Weihnachten einen alten, frommen Brauch: Da würden sich Buben wie jene drei Könige kostümieren, immer drei zusammen. Einer sei der Kaspar und trage einen großen papierenen Stern, in dem ein Kerzenlicht brenne; einer sei der Balthasar und trage einen großen Sack für allerlei Gaben; und der dritte, das sei der Melchior, der Mohr, der ganz schwarz angemalt sei und eine kleine Kasse trage, für den Fall, daß die Leute sogar in den Geldbeutel griffen und etwas Münze schenkten, was allerdings nicht allzuoft vorkomme. Diese drei Könige würden dann von Haus zu Haus ziehen und den Leuten ein passendes Lied vorsingen...

Hei, dachte ich sofort, wie wäre das, wenn wir diesen offenkundig frommen und wohl auch einträglichen Brauch bei uns einmal probieren würden? Gedacht — getan! Zwei Tage später waren zwei Freunde von mir und ich schon startbereit.

Wir hatten uns phantastisch herausgeputzt. Die letzten Winkel vom Dachboden waren mit dem Spürsinn eines geriebenen Detektivs erfolgreich durchstöbert worden. Nichts war vor unserer Spürnase verborgen geblieben: Rohrstiefel, alte Weiberröcke, Leintücher, farbige Schals usw. Ich durfte den Mohr spielen. Mein älterer Bruder machte mir mein Gesicht so morgenländisch schwarz, daß mich sogar meine Freunde nicht mehr erkannten, sondern bei ihrem Kommen fragten: »Ja, bist's oder bist's net?« »Ha no!« sagte ich nur im pursten schwäbischen Dialekt, und wir kannten uns wieder.

Aber dann: unser Drei-Königs-Lied! Das machte uns noch einiges Kopfweh. Die Mutter kannte jenes Lied von der Alb auch nicht mehr ganz genau. Aber etwas mußten wir doch singen! Potz Blitz! Am besten konnten wir drei Kerle das Lied singen: »Fuchs, du hast die Gans gestohlen.« Die Melodie stand freilich nicht im Gesangbuch der Kirche, aber sie schien uns trotzdem ganz passend. Nur einen anderen Text brauchten wir noch dazu. Aber woher nehmen? Jedoch — auch das gelang. Der Kaspar brachte ihn freudestrahlend mit. Woher? Weiß der Kuckuck! Im Nu konnten wir ihn auch auswendig:

Hört ihr Leut und laßt euch sagen:
Aus dem Morgenland
kommen wir mit leerem Magen;
das ist allerhand!
Hier der Sack für eure Gaben!
Tut uns was hinein;
sonst tun wir verrückt und schlagen
alles kurz und klein!

Ja, nun war alles vorbereitet. Also los!

Wir zogen zuerst zum Schuhmacher Flick. Der wohnte in unserem Haus, ganz unten, parterre. Als er uns sah, war er so erstaunt — wer weiß: vielleicht auch so ergriffen —, daß er seine Ahle und das Pech, die »Maus- und Katzendreckle« (das waren die kleinen Nägel) ganz vergaß und nicht wie sonst den Spannriemen nahm und uns damit aus seiner Schustersbude wieder hinaustrieb. Nein, er nahm sogar seine blecherne Brille von der blauen Nase und putzte sie — ich meine die Brille, nicht die Nase —, wie damals üblich, zwischen Daumen und Zeigefinger. Dann setzte er sie wieder auf, betrachtete uns ganz genau und meinte mit bedächtigem Kopfnicken: »So, so — ihr seid also die Heiligen Drei Könige aus dem Morgenland! Hab' gar nimmer g'wußt, daß die auch noch leben! Ja, und jetzt — was wollt ihr denn von mir?«

Wir sangen unser Lied, das er sich andächtig, wie in der Kirche, anhörte. Dann hielten wir ihm unsern Sack hin. Der Schuhmacher sah um sich. Da lagen auf seinem Tischchen ein paar kupferne Pfennige und von seinem Vesper — o Graus! — noch ein Stückchen Gaulswurst (die war seine Spezialität, das wußten wir).

»Da nehmt die paar Pfennige! Aber die Gaulswurst, die esse ich schon selber!«

Wir waren damit wohl zufrieden und mit einer feierlichen, dankenden Verneigung stapften wir wieder zur Türe hinaus. Gott sei Dank! Das wäre also für den Anfang ganz gut gegangen.

Nun weiter! — Aber wohin? »Zum Spießmann!«

meinte der Balthasar. Der Spießmann, um die Fünfzig herum, war Aufseher auf einem großen, uns sehr wohl bekannten Holzlagerplatz. Er wohnte im Hinterhaus. Auf seiner Nase trug er wie Rübezahl eine kleine Warze mit einem winzigen Härchen daran, und in seinem Munde war rechts eine Zahnlücke; wahrscheinlich, damit seine Tabakspfeife besser Platz hatte. Er ging nie in die Kirche. Trotzdem, ja vielleicht gerade deshalb hielt er sich nicht für einen Pharisäer, aber um so mehr für einen Schriftgelehrten, denn er gebrauchte bei seinen Reden gern einige Bibelsprüche. Also, warum nicht zum Spießmann gehen?

»Los!« kommandierte der Kaspar. »Wir gehen zum Spießmann!«

Bald standen wir vor seiner Türe und klopften an. Wirklich — die Türe tat sich auf, und der Spießmann stand vor uns. Wir sangen gleich unser Lied und hielten ihm unsern Sack hin.

Spießmann war durch unsere exotische Erscheinung offenkundig völlig aus dem Scharnier geraten. Er vergaß sogar, aus seiner Pfeife zu qualmen, nahm sie respektvoll aus ihrer Zahnlücke heraus und schob sie schamhaft in die Hosentasche.

Dann sagte er mit weisheitsvoller Miene: »Aha, die Weisen aus dem Morgenland! Ja, ja, die kenne ich gut. Damals sind sie ja auch in die Arche Noah hineinspaziert und wurden dadurch vor dem Versaufen im großen Wasser gerettet. Oh, ich kenne mich in der Bibel sehr gut aus! — Und jetzt wollt ihr am Ende auch noch etwas von mir?« Dabei fuhr er mit der Hand in die Hosentasche, wo die Tabakspfeife noch ein bißchen räuchelte, und zog drei Äpfel heraus, nicht groß, aber runzelig wie das Gesicht einer wenigstens einhundertjährigen Großmutter. Diese drei Äpfel gab er uns und sagte mit Himmel und Erde durchdröhnendem Gelächter dazu: »Sie sind nicht am verbotenen Baume im Paradies gewachsen, sondern hinter meiner Holzhütte. Ihr könnt sie ruhig essen. Sie machen euch gewiß kein Bauchweh! Hahahah.«

Brrr — wir verneigten uns trotzdem zum Zeichen unserer Dankbarkeit und verließen den Spießmann, der bereits wieder an seiner Tabakspfeife sog wie ein Baby an seiner Milchflasche...

»Und jetzt? — Wohin?«

Ich sagte: »Jetzt sind wir schon bei zwei Männern gewesen. Nun gehen wir auch einmal zu einer Frau.«

»Richtig!« meinte der Kaspar. »Aber zu wem?«

»Zur Scheppachin!« sagte der Balthasar.

»Jawohl, zur Scheppachin!« stimmten wir beiden andern bei. »Also, los!«

Eigentlich hieß sie Pauline Scheppach und war eine ehr- und tugendsame Jungfrau von einigen dutzend

Lenzen. Sie wenigstens konnte bestimmt bei den Prozessionen hinter dem Lilienbanner der Jungfrauen marschieren, ohne zu erröten oder von andern verdächtigt zu werden, sie sei dessen nicht würdig und also nicht am richtigen Platz.

Mit Vorliebe kaufte sie bei der vierteljährlich stattfindenden Eisenbahnauktion allerlei liegen- und stehengebliebene Raritäten, die sie wieder weiterzuverkaufen suchte. Wieviel Prozente Gewinn sie dabei einschob, verriet sie natürlich in ihrer jüngferlichen Verschwiegenheit nie! Sie gehörte zu den sogenannten »frommen Personen« und war Mitglied sämtlicher Bruder- und Schwesternschaften. Sollte solch eine Jungfrau, die bereits den Schein der Heiligkeit an sich trug, nicht auch für die Heiligen Drei Könige etwas übrig haben?

Also, wir gingen voll der besten Hoffnungen ins Nachbarhaus, wo die Scheppachin das Erdgeschoß mit dem Wohlgeruch ihrer Frömmigkeit erfüllte. Dort läuteten wir energisch mit der Glocke, denn wir wußten, daß die Scheppachin etwas schwerhörig war. Aber sie hatte uns gehört und tat nun die Türe auf. Wir sangen unser Drei-Königs-Lied aus vollem Halse, wobei wir plötzlich — ohne daß wir es ausgemacht hatten! — den letzten Satz nicht mehr sangen, sondern ziemlich schneidig deklamierten: »...und schlagen alles kurz und klein!« Die Scheppachin stand bis hierher wie ehedem Lots Weib gleichsam zur Bildsäule versteinert da. Jetzt aber löste sich bei ihr der Bann, und mit einem Schrei der Verzweiflung höchsten Grades rief sie nur immer: »Feurio! Feurio! Feurio!«

Nun war die Reihe des Erschreckens an uns. Wie vom bösen Geist gejagt rannten wir auf und davon — hinaus zum Haus, über den Hof, ein Stück die Straße hinab und dann links ab auf den Holzlagerplatz, hinter hoch aufgespeicherte Holzbretter. Hier endlich machten wir halt. Das Kerzenlicht in unserm Stern war bei der Flucht erloschen, und kaum ein Mensch hatte uns bei dem nebelerfüllten Halbdunkel des Abends gesehen oder gar erkannt. Hier auf dem Holzlagerplatz waren wir in »unserem Reich« und fühlten uns auch wieder sicher und gerettet. Zuerst verschnauften wir ein wenig. Danach verteilten wir die wenigen Geschenke in unserem Sack: Jeder von uns erhielt zwei Pfennige und einen runzeligen Apfel. Es war gewiß nicht viel, und dennoch freuten wir uns darüber.

Unsere Kostümierung versteckten wir dann schweren Herzens zwischen den vielen Brettern bis zum Abend des nächsten Tages, da wir sie uns wieder holen wollten. So war denn unser frommes Spiel allzu rasch beendet worden. Als wir alles nochmals überdachten und besprachen, kam zunächst ein gewisses Schamgefühl über uns: Potzblitz und Schwerenot! Wir, die Heiligen Drei Könige, sind vor einer alten Jungfer geflohen!

Inzwischen war aber bei dieser Scheppachin auf ihr wildes Geschrei hin die halbe Nachbarschaft zusammengelaufen, und das Jungferle konnte sich nicht genug tun, den Leuten in den schrecklichsten Farben ihre Not auszumalen: Ein — zwei — drei Räuber hätten bei ihr einbrechen wollen ...

Die Leute hörten es mit Staunen und fragten, wieso sie denn »Feurio« geschrien habe, da es noch nicht gebrannt habe.

»Ich hab halt geschrien, was mir gerade eingefallen ist!« verteidigte sie sich. »Es war ja auch zu schrecklich! Denkt euch, die Kerle hätten mich am Ende gar noch stehlen wollen!«

Aber da meinte der alte Spießmann: »O Scheppachin! Wenn die Räuber am nächsten Morgen bei Tag gesehen hätten, wen sie erwischten, dann hätten sie dich sicherlich sofort wieder zurückgebracht!«

Alles lachte und ging nach Hause. Wir aber hatten trotz alledem die Lust verloren, nochmals die Heiligen Drei Könige zu spielen.

Was aus der Scheppachin später geworden ist, konnte ich nie recht erfahren. Wahrscheinlich ist auch sie das unschuldige Opfer einer jener vernichtenden Bombennächte im letzten Kriege geworden.

Möge ihr der Herr den Frieden schenken im Kreise aller heiligen Jungfrauen und in der Gemeinschaft der richtigen Heiligen Drei Könige Kaspar, Melchior und Balthasar!

Zum Ausklang

Die Geschichte, die diesem Büchlein den Titel gab, könnte jedem passiert sein, und sicher hat sie der eine oder andere auch so oder ähnlich erlebt. Daß wir als kleine Knirpse dem Geheimnis des Christkinds nachspürten, war ja doch nichts Außergewöhnliches. Aber wenn ich es heute so überdenke, meine ich, in diesem kindlichen Suchen nach dem »Christkind«, das uns Jahr für Jahr beschenkte und mit dem unsere Eltern damals so geheimnisvoll taten, habe es doch vielleicht etwas mehr auf sich. Könnten sich hinter solchem ungeduldigen Warten und Nachspüren am Heiligen Abend nicht Urbedürfnisse des Menschen verbergen: die Sehnsucht nach Glück und Beglücktwerden, das Verlangen nach einem sicheren Wissen um die Mächte, die uns Liebe und Zufriedenheit zu schenken vermögen? Kommt es von ungefähr, daß das »Christkind« noch von denen als Sinnbild des Glücks genannt und empfunden wird, die an Christus überhaupt nicht oder längst nicht mehr glauben?

Jetzt, da wir die Reife des Alters erlangt haben, haben wir — jeder auf seine Weise — erfahren, was uns wahrhaft beglücken kann. Wer durch die Wirrnisse unseres Jahrhunderts und gar durch die Marter zweier schrecklicher Kriege gegangen ist, weiß, daß das Glück seliger Kindheitstage, das ich in diesem Büchlein heraufbeschworen habe, weit zurückliegt und daß es nicht ausreicht, ein ganzes Leben zu füllen. Aber eines zeichnet es aus, was wir wohl nie mehr zurückholen können: die Unbefangenheit und Unbekümmertheit und wohl auch die Unschuld, mit der wir damals der Welt und den Menschen begegnet sind.

Die Advents- und Weihnachtserinnerungen, die ich hier aufgeschrieben habe, sind eigentlich alle recht lustig, und ich möchte hoffen, daß viele ihre Freude daran haben. Solche Heiterkeit war nur möglich in der Geborgenheit einer Familie, die uns alle liebend umfing, und in der Freiheit von Schuld und Belastung, wie sie Kindern eigen ist. Daß zum wahren Glück und zum echten Frieden des Herzens solche Freiheit gehört, macht es wahrscheinlich aus, daß wir als Alte so gerne an die Tage der Kindheit zurückdenken.

Das Leben hat uns inzwischen vielfach mit Ängsten gequält, mit drückenden Lasten überhäuft, vielleicht mit Schuld beladen. Wenn das Herz im Alter wieder ruhig wird, wenn die Stürme der Kampf- und Drang-

zeiten sich gelegt haben, halten wir wieder gelassener Ausschau nach dem Glück unseres Herzens. Vielleicht machen wir uns dann erneut auf, das Christkind zu suchen — nicht eine kommerzialisierte Symbolfigur, nein, das wahre Christkind, das alle unsere Ängste wegnimmt, das uns die Last des Lebens tragen hilft und die Schuld, die wir uns aufgeladen, vergeben kann.

Meine Geschichten stammen aus einer Welt, die ganz aus dem starken Glauben an dieses wahre Christkind lebte. Es war keine heile und keine sorglose Welt, das wird auch in diesen lustigen Erzählungen sichtbar. Aber es wahr wohl mehr Glück und Zufriedenheit in ihr als in unserer heutigen Welt. Vielleicht, weil wir das Christkind suchen gingen — nicht nur am Heiligen Abend.

Ich lade Sie, meine älteren Leser, ein: Machen Sie sich nochmals auf zur Suche nach dem Christkind. Es ist uns Alten vielleicht näher, als wir denken ...

Inhalt